# BENCHMARKING

De prestaties van uw bedrijf meten en verbeteren

AF666564

50MINUTES.com

# BENCHMARKING

## De prestaties van uw bedrijf meten en verbeteren

geschreven door Antoine Delers
vertaald door Nikki Claes

50MINUTES.com

*BENCHMARKING* 4

Geschiedenis 5

Definitie van het model 7

THEORIE – PRESENTATIE VAN HET CONCEPT 8

Verschillende soorten benchmarking 9

Zakelijke toepassingen 12

Voordelen van benchmarking 14

BEPERKINGEN VAN HET MODEL EN UITBREIDINGEN 16

Beperkingen en kritiek op het model 16

Uitbreiding en aanverwante modellen 19

HET CONCEPT OMZETTEN IN DE PRAKTIJK 23

Fase 1 – Voorstudie en planning 23

Fase 2 – Partnerselectie 27

Fase 3 – Analyse van procedures en benchmarks 28

Fase 4 – Testen en definitieve uitvoering 29

Fase 5 – Aanpassing, controle en feedback 30

SAMENGEVAT 32

OM VERDER TE GAAN 35

Bibliografische bronnen 35

Aanvullende bronnen 36

# BENCHMARKING

- **Benamingen:** benchmarking, vergelijkende analyse
- **Gebruik:** benchmarking wordt voornamelijk toegepast in bedrijven, hoewel steeds meer gevallen kunnen worden waargenomen in de ziekenhuissector en de openbare dienstverlening, en is van nature uitbreidbaar naar alle afdelingen van een bedrijf, van IT tot klantenservice en de dienst na verkoop.
- **Waarom is het effectief?** Dit soort strategie vermindert de risico's in verband met ontwikkeling en innovatie, omdat een organisatie zich praktijken kan toe-eigenen die door anderen zijn ontwikkeld en reeds succesvol zijn.
- **Trefwoorden**
    - <u>benchmarking</u>: evaluatie van een instrument, procedure of bedrijf om deze te vergelijken met andere evaluaties
    - <u>benchmark</u>: de norm waaraan een prestatie-indicator kan worden afgemeten.
    - <u>*best practices*</u>: beste methoden en procedures die in een bepaald bedrijf worden toegepast
    - <u>concurrent</u>: een persoon of groep die concurreert met anderen in dezelfde sector
    - <u>prestatie-indicator</u>: een maatstaf die voortvloeit uit een evaluatie van een procedure

- markt: in strikte zin een groep ondernemingen, klanten en leveranciers die al dan niet onder dezelfde activiteit vallen. In ruime zin producten, grondstoffen en derden die met de markt in wisselwerking staan
- positionering: de positie die een product of bedrijf (cultuur, waarde) inneemt op een markt, gedefinieerd in relatie tot andere concurrenten
- *reengineering*: reorganisatie van een procedure of product met als doel die te verbeteren
- xerox: een Amerikaans kopieer- en printerbedrijf dat benchmarking heeft gebruikt om te groeien

Benchmarking is een methode voor prestatieanalyse en *reengineering*. Het belangrijkste doel van een dergelijke aanpak is het identificeren en bestuderen van de *best practices* van de beste bedrijven in termen van productie, levering, kwaliteit, keuze van leveranciers, enz. Het belangrijkste voordeel van een dergelijke aanpak is dat je kan nagaan en bestuderen wat de besten doen qua productie, levering, kwaliteit, keuze van leveranciers, enz.

## GESCHIEDENIS

De oorsprong van benchmarking gaat terug tot de 6e eeuw voor Christus, toen de Chinese generaal Sun Tzu (544-496 v.C.) in zijn boek *The Art of War* schreef: “Als je je vijand en jezelf kent, hoef je de uitkomst van honderd veldslagen niet te vrezen”. Hoewel het idee om strategieën van concurrenten te analyseren al oud is, werd het concept van benchmarking, in de betekenis die wij er vandaag aan geven, pas in de jaren 1980 ontwikkeld en ingeburgerd in de moderne economische wereld. Deze definitie hebben wij te danken aan het bedrijf Xerox, dat, verpletterd door de concurrentie, een strategie lanceerde om de *best practices* - met name op het gebied van voorraadbeheer, dat zeer kostbaar bleek te zijn - van een van zijn dochterondernemingen te bestuderen om die in zijn eigen entiteit toe te passen. Deze verkenning van externe entiteiten stelde Xerox uiteindelijk in staat zijn activiteiten en financiën om te buigen en opnieuw een sterke positie op de markt in te nemen, terwijl zijn bedrijfsresultaten verbeterden.

### *The Art of War* door Sun Tzu

*The Art of War*, een van de oudste bekende werken over strategie ter wereld, beschrijft de beste militaire tactieken voor gevechten tussen twee koninkrijken. Tegenwoordig kunnen deze technieken gemakkelijk worden getransponeerd naar de zakenwereld en presenteren ze over het algemeen strategieën om macht te verwerven, de vijand te leren kennen en het terrein te bestuderen. Veel auteurs hebben de leringen uit *The Art of War* omgezet in voorschriften die rechtstreeks van toepassing zijn op het bedrijfsleven in hun boeken voor alle managers die hun organisatie en hun markt willen beheersen.

## DEFINITIE VAN HET MODEL

*Benchmarking* is een instrument voor het analyseren van procedures, statistieken, producten en diensten in een verwante omgeving – die van een concurrent, een partner of een andere afdeling van hetzelfde bedrijf. Het voornaamste doel ervan is het bieden van verbetermogelijkheden aan ondernemingen die, na benchmarking, willen begrijpen waarom sommige organisaties beter presteren dan andere en vooral hoe zij de doeltreffende strategieën van concurrenten in hun structuur kunnen integreren. Het wordt voornamelijk gebruikt in bedrijven en is dus gericht op het observeren, meten, vergelijken en toepassen van een reeks handelingen die in het verleden hun waarde reeds hebben bewezen in andere entiteiten.

# THEORIE – PRESENTATIE VAN HET CONCEPT

Aangezien, zoals de beroemde Sun Tzu ons vertelde, het kennen van je vijanden je helpt om veldslagen te winnen, hebben veel leiders, zowel militairen als bedrijven, sindsdien de zwakke en sterke punten van hun tegenstanders bestudeerd om hun eigen strategie te verbeteren.

Tegenwoordig lijkt het ondenkbaar dat een onderneming de strategieën en innovaties van haar concurrenten niet volgt – door zorgvuldig, intensief en voortdurend toezicht – om haar marktaandeel te behouden of zelfs te vergroten. De ontwikkelingen van de laatste vijftig jaar, waargenomen op het niveau van vraag en aanbod van producten, hebben de macht omgekeerd en aan de klanten gegeven: de vraag gaat nu voor op het aanbod, hetgeen vóór de Tweede Wereldoorlog niet het geval was. Het is niet langer voldoende om een product te produceren dat een groep consumenten tevreden kan stellen, om diensten te lanceren die weinig vernieuwend zijn, of om een marketingafdeling te runnen zonder proactiviteit.

Om niet ten onder te gaan, moeten bedrijven hun concurrerende aanpak veranderen, zeer snel reageren en zelfs anticiperen op de behoeften, wensen en verwachtingen van de huidige potentiële klanten. Dat is waar benchmarking om de hoek komt kijken, als een operationeel en strategisch instrument waarmee de procedures van een onderneming voortdurend kunnen worden verbeterd: bijvoorbeeld een betere klantenservice, innovatieve producten of een goedkopere productie... allemaal bronnen van toegevoegde waarde voor de klant.

## VERSCHILLENDE SOORTEN BENCHMARKING

### Interne benchmarking

Bij het eerste type vergelijkt het bedrijf zijn verschillende afdelingen om de gebruikte *best practices* te verzamelen met het oog op de veralgemening ervan in het hele bedrijf. Zo zal een efficiënte archiveringsmethode die in de boekhoudafdeling wordt gebruikt, worden overgenomen in de personeelsafdeling. Feedback is in dit geval zeer belangrijk, aangezien de afdelingen dagelijks kunnen samenwerken.

Dit is de gemakkelijkste methode om uit te voeren, aangezien

- de gegevens vrijwel onmiddellijk beschikbaar zijn;
- menselijke hulpbronnen beschikbaar zijn voor samenwerking.

Dit type benchmarking brengt echter geen bijzondere revolutie teweeg, aangezien de organisatie vaak vrij homogeen is in haar werkwijze; de werkprocedures zijn vaak vergelijkbaar. Dit is deels te danken aan de bedrijfscultuur en gedeelde waarden, maar ook aan interne promoties en overplaatsingen die ideeën en goede methodes door het hele bedrijf verspreiden.

## Externe benchmarking

Dit tweede type benchmarking is het meest gebruikelijk. Het is niet langer gebaseerd op de diensten van één enkel bedrijf, maar heeft tot doel de diensten te analyseren van concurrerende bedrijven en bedrijven uit andere sectoren die erkend zijn als leiders op het bestudeerde gebied. Het lijdt dan ook geen twijfel dat dit soort benchmarking een toegevoegde waarde heeft, omdat het *best practices* oplevert die soms sterk verschillen van de methodes die tot dusver in een bedrijf werden gebruikt.

De belangrijkste middelen om informatie te verkrijgen zijn dochterondernemingen, partnerbedrijven, op internet beschikbare studies, conferenties en bedrijfsbeurzen.

## Benchmarking van de concurrentie

Dit type vergelijkende analyse, ook concurrentiebenchmarking genoemd, is gebaseerd op een concurrerende onderneming in dezelfde sector, waarvan de strategie, de product- en dienstinnovaties, de kosten en de productietijden, alsmede de commerciële dienstverlening worden bestudeerd, met als uiteindelijk doel zo dicht mogelijk bij de behoeften van de huidige en potentiële klant te komen.

Dit is de minst voor de hand liggende benchmarking om uit te voeren: het verkrijgen van de relevante informatie is vervelend en onzeker, aangezien ze regelmatig verwijst naar algemene gegevens die het concurrerende bedrijf bereid is geweest te publiceren, zoals zijn algemene cijfers of niet-strategische interne methoden.

## Functionele benchmarking

Dit laatste type benchmarking is uitsluitend gebaseerd op de procedures van de onderneming die, door hun generieke karakter, overdraagbaar zijn tussen ondernemingen in soms zeer verschillende sectoren. De ondernemingen waarop de functionele benchmarking zal worden gebaseerd, kunnen dus van verschillende markten afkomstig zijn, mits zij als leiders op hun gebied worden erkend. Vaak wordt een partnership gesloten, dat het voordeel biedt van gemakkelijke toegang tot informatie en het delen van *best practices.*

Het grote nadeel van deze methode is het gebrek aan afstemming tussen strategieën, culturen en bedrijfsonderdelen, wat een effectieve benchmarking kan belemmeren.

### Wist je dat?

Het ontbreken van vertrouwelijke informatie over concurrenten is niet altijd een probleem. Benchmarking kan bijvoorbeeld worden gebruikt om algemene statistieken over kosten en productietijden te verzamelen – zonder zich zorgen te maken over het begrijpen van de succesfactoren - om zelf de concurrentie uit te dagen. Dit staat bekend als "non-intrusive benchmarking" of "outcome benchmarking".

## ZAKELIJKE TOEPASSINGEN

Tegenwoordig zijn de toepassingen van benchmarking in bedrijven bijna oneindig. Vanaf het moment dat wij een procedure of de algemene werking van een afdeling willen verbeteren, kunnen wij alle operationele en functionele diensten van de organisatie beïnvloeden, inclusief de onderhoudsdienst van het gebouw. Die laatste kan bijvoorbeeld worden geoptimaliseerd door inspiratie op te doen bij een actief en innovatief bedrijf in de sector van het onderhoud van gebouwen.

### Voorbeeld 1 - Verbetering van de klantenservice

Een van de belangrijkste doelstellingen van benchmarking is de verbetering van de klantenservice, zowel vóór als na de verkoop. Een sprekend voorbeeld is de wachttijd die gasten bij aankomst in een hotel moeten doorstaan. In dit geval wordt met de vinger gewezen naar de administratieve procedures en/of de schoonmaak door de onderhoudsploegen. Om dit probleem tegen te gaan, kunnen managers besluiten functionele benchmarking toe te passen, bijvoorbeeld door naar ziekenhuis X te gaan om te bestuderen hoe de beddentoewijzing op de spoedeisende hulp werkt. Dit is per definitie snel en efficiënt en zal voor hen als voorbeeld dienen om een efficiënt systeem in te voeren voor een betere ontvangst van hun gasten, wat een belangrijke factor kan zijn bij de keuze van een hotel.

### Voorbeeld 2 – Vestiging in een ander land

De oprichting van een filiaal in een afgelegen gebied gaat vaak gepaard met enkele problemen in verband met culturele verschillen tussen de oorspronkelijke en de toekomstige klanten, maar ook met de relatie tussen werknemers en directie, of tussen de vakbond en de bestuursorganen (directie en raad van bestuur).

Een benchmarkingstudie, van het concurrerende of functionele type, over reeds in het land gevestigde ondernemingen kan nuttig blijken om deze aanpassingsproblemen te overwinnen.

### Voorbeeld 3 – Verbetering van de administratieve procedures

Benchmarking kan ook worden gebruikt om innovatieve oplossingen in administratieve processen in te zetten. Als een bedrijf veel administratieve taken heeft – de overheidssector is een uitstekend voorbeeld – zoals het beheer van inkomende en uitgaande post, zal deze aanpak bijzonder gewaardeerd worden.

### Andere verbeteringen

Naast de hierboven ontwikkelde concrete voorbeelden zijn er vele gebieden waarop benchmarking kan bijdragen. Analyses kunnen worden toegepast op alle producten en diensten, maar ook op de procedures van de organisatie. Deze omvatten: algemene bedrijfsstrategie, beheer van innovatie en ontwikkeling van producten en diensten, personeelsbeheer, beheer van productie- en distributieprocessen (vermindering van doorlooptijden en toeleveringskosten) en vele andere.

## VOORDELEN VAN BENCHMARKING

De voordelen van benchmarking voor een onderneming zijn talrijk - het streven naar efficiëntie is essentieel om de duurzaamheid van de onderneming te waarborgen - vooral omdat de toepassingsmogelijkheden zelf bijna oneindig zijn. Deze omvatten

- **efficiëntere procedures.** Dankzij de goede methodes die tussen bedrijven en diensten worden overgedragen, kunnen alle procedures worden verbeterd, waardoor ze efficiënter, minder duur en sneller worden, afhankelijk van het geval.
- **beperkte ontwerpkosten.** Met behulp van benchmarking worden procedures niet langer opnieuw uitgevonden, maar “gebenchmarkt” - met andere woorden, gebaseerd op wat al bestaat - zodat het uitgespaarde geld in andere projecten kan worden geïnvesteerd.
- **beproefde procedures die succes garanderen.** Door voort te bouwen op strategieën die in andere bedrijven succesvol zijn gebleken, zorgen wij ervoor dat deze effectief zijn en tot verbeteringen in de betrokken diensten leiden. Er zij op gewezen dat het verschil in cultuur en waarden tussen twee ondernemingen dit in sommige gevallen niet altijd toelaat.

- **een verlangen naar voortdurende verbetering.** Ongeacht de aard van de benchmarking kunnen de gebenchmarkte afdelingen op hun beurt hun *beste praktijken* bekendmaken. Bovendien beïnvloedt deze oefening de motivatie van de werknemers die zich gewaardeerd voelen, aangezien hun efficiënte werkmethode deelneemt aan het zoeken naar en ondersteunen van een voortdurende verbetering van het bedrijf.
- **zwakke punten die in het begin werden verworpen.** Door elkaars procedures of de op de markt beschikbare producten te analyseren, kunnen bedrijven snel elkaars zwakke punten zien en proberen elkaars fouten te vermijden.

# BEPERKINGEN VAN HET MODEL EN UITBREIDINGEN

## BEPERKINGEN EN KRITIEK OP HET MODEL

Zoals hierboven is aangetoond, kan benchmarking worden toegepast in alle afdelingen van een bedrijf en dus worden gebruikt door elke manager, op alle niveaus van de hiërarchie en in alle afdelingen. Deze universaliteit heeft echter belangrijke beperkingen, waaronder met name: het beroepsgeheim, dat iedere werknemer moet respecteren, en culturele verschillen die kunnen leiden tot een onjuiste toepassing van bepaalde benchmarkingtechnieken.

### Kopieer, maar alleen de beste

De eerste beperking voor het gebruik van een benchmarkingmethode is de keuze van de partners. Die is van het grootste belang, want de onderneming die aan benchmarking doet, heeft er alle belang bij de besten te bestuderen, degenen die zich onderscheiden door de innovatie van hun procedures of prestaties en die zich dus op de markt hebben bewezen.

### Kopieer, maar speel niet vals

Per definitie is benchmarking een praktijk van kopiëren van de buurman, gemotiveerd door de relevantie van diens goede praktijken. De grens tussen bedrijfsspionage en benchmarking is soms echter zo dun dat het in het geval van directe concurrenten vaak de voorkeur verdient zich te beperken tot openbare gegevens of zich te wenden tot andere partners, zoals leveranciers en distributeurs.

## Ontdek goede methodes die in jouw bedrijf kunnen worden toegepast

Niet alle methoden zijn gelijk. Daarnaast is het belangrijk om de factoren te herkennen die een bedrijf succesvol maken. Als een boek zeer snel wordt geleverd, is dat niet noodzakelijk te danken aan de kracht van de motor van de bestelwagen, maar meestal aan de prestaties van de aanwezige logistieke infrastructuur. Dit voorbeeld, hoewel simplistisch, illustreert dat de analyse van procedures ons in staat stelt de echte succesfactoren te onderscheiden.

## Zorg voor verschillen in cultuur en strategie

Niet alle ideeën zijn overdraagbaar. Een techniek om werknemers te motiveren op basis van omzet zal goed werken voor een verkoopteam, maar zal minder effectief zijn voor een boekhoudteam. Evenzo zal een partner met een totaal andere visie en strategie niet altijd benchmarking aanbieden die is aangepast aan de behoeften van een ander bedrijf. Uit de regel blijkt dat hoe meer de bestudeerde procedure verschilt van die van de onderneming die de benchmarking start en hoe verder deze afstaat, hoe minder omzetbaar deze zal zijn.

De risico's van weerstand tegen verandering zullen verhoudingsgewijs groter zijn.

## Vergelijk de kosten van benchmarking

Ook al leidt benchmarking, met name in het kader van de productie, tot een aanzienlijke vermindering van de kosten door het gebruik van reeds bestaande technieken of processen, toch mag niet worden vergeten dat deze methode ook kosten veroorzaakt. Partnerships, mensen die zich bezighouden met benchmarking-onderzoek, analyse en uitvoeringsperioden vormen een budget waarmee rekening moet worden gehouden bij het opzetten van een dergelijke aanpak. Zoals bij andere investeringen is het dus raadzaam een voorlopige berekening van de ROI (*Return On Investment*) te maken, aan de hand waarvan bijvoorbeeld het aantal te bestuderen concurrenten kan worden geraamd voor een representatieve steekproef van de huidige praktijken.

## Zorg voor het welzijn van de werknemers

Het voortdurend heroverwegen van activiteiten en het mobiliseren van middelen om afdelingsprocedures aan te passen, kan veel werknemers doen ineenkrimpen. Bovendien kan benchmarking ertoe leiden dat managers steeds meer van hun werknemers vragen, wat vaak leidt tot overwerk en stress. Ervoor zorgen dat iedereen profiteert, met name door een doeltreffend veranderingsmanagement, moet daarom een van de voornaamste zorgen van managers zijn om de succesvolle invoering van nieuwe praktijken te vergemakkelijken.

Zorgvuldige communicatie is nodig om ervoor te zorgen dat de werknemers de positieve effecten van dergelijke beslissingen - persoonlijke, afdelings- en bedrijfsprestaties - waarnemen en gemotiveerd blijven.

### Change management of veranderingsmanagement

Veranderingsmanagement is een managementaanpak die vooral gericht is op het volgen van veranderingen binnen een bedrijf (communicatie, psychologische ondersteuning, enz.). Bij grote veranderingen in een bedrijf vergemakkelijkt het de overgangsperioden die met de veranderingen gepaard gaan en begeleidt het de werknemers zodat iedereen de ins en outs van een dergelijk proces begrijpt.

## Uitbreiding en aanverwante modellen

Sinds de jaren tachtig is het begrip benchmarking niet wezenlijk veranderd, afgezien van het belang van bijna systematische ondersteuning (bv. *change management*) van werknemers tijdens perioden van overgang en verandering en de essentiële bijdrage van geautomatiseerde middelen om het verzamelen en verspreiden van informatie te vergemakkelijken. Er zijn echter kleine wijzigingen aangebracht, met name wat betreft de procedures die moeten worden gevolgd bij het ontwerpen of benoemen van de soorten benchmarking.

## De Kaizen-methode of de filosofie van voortdurende kwaliteitsverbetering

Een verwante methode raakt echter in veel produkciebedrijven ingeburgerd; het is een filosofie die gebaseerd is op voortdurende kwaliteitsverbetering. Kaizen, van het Japanse [*kai*] 'verandering' en [*zen*] 'goed', populair geworden in de jaren 1950, heeft tot doel de productieprocessen in een productielijn voortdurend te verbeteren.

> *Maak het beter, maak het beter, maak het nog beter als het niet kapot is, want als we het niet doen, kunnen we niet concurreren met degenen die het wel doen.*
>
> *Anoniem*

## TQM of integrale kwaliteitszorg

*Total Quality Management* (TQM) is een Japans concept van kwaliteitsbeheer waarbij alle middelen van een productielijn worden betrokken. Elke werknemer en arbeider zet zich in om de kwaliteit van de productie tijdens het hele productieproces voortdurend te controleren.

Het primaire doel is fouten en verspilling te verminderen en vervolgens te controleren of alles in de hele keten werkt. Dit kan gemakkelijk worden gekoppeld aan benchmarking, aangezien beide continu zijn.

## Het PDCA-wiel van Deming

Het wiel van Deming "PDCA" is een methode voor voortdurende kwaliteitsverbetering. Het bestaat uit vier fasen:

- *Plan* (plannen, doelen stellen)
- *Do* (doen, actie ondernemen, uitvoeren)
- *Check* (de resultaten verifiëren door ze te vergelijken met de prognoses)
- *Act* (corrigeren en aanpassen)

Deze verschillende fasen moeten, zoals de naam van het model suggereert, in de loop van de activiteiten voortdurend worden gebruikt. Het doel is na te denken over mogelijke verbeteringen, deze door te voeren, te controleren of alles werkt en dan opnieuw te beginnen.

## De DMAIC-methode van Six Sigma

- *Define*: bepaal de inhoud en doelstellingen van het proces.
- *Measure*: meet de prestaties.
- *Analyse*: analyseer procedures om problemen op te sporen.
- *Improve*: breng de nodige verbeteringen aan.
- *Control*: controleer en stuur bij.

De Six Sigma-methode is een aanpak voor het verbeteren van kwaliteits- en productieprocessen op basis van vooraf gedefinieerde en gemeten statistieken, met als uiteindelijk doel het verminderen van productfouten. Met DMAIC kan de Six Sigma-methode in een bedrijf worden toegepast door de verschillende fasen te volgen, die vrij veel lijken op het eerder genoemde PDCA-concept.

Deze benaderingen zijn nauw verwant aan benchmarking en kunnen samen worden gebruikt. Benchmarking is inderdaad een kwaliteitsproces dat, zo mag niet worden vergeten, niet slechts één keer moet worden uitgevoerd, maar dat bedrijven voortdurend moet helpen om te reageren om de markt bij te houden.

# HET CONCEPT OMZETTEN IN DE PRAKTIJK

Laten we eens kijken naar de verschillende fasen van de uitvoering van een benchmarking-aanpak in een bedrijf. Aangezien de huidige literatuur geen precies aantal fasen biedt, hebben wij gekozen voor een indeling in vijf hoofdfasen.

Om het begrip van de tekst te vergemakkelijken wordt het concept op een algemene manier besproken, waarbij de toepassing ervan geldt voor producten, diensten en alle soorten benchmarking.

## FASE 1 – VOORSTUDIE EN PLANNING

De eerste fase van een benchmarkingproject is van cruciaal belang, omdat daarin de te analyseren procedures worden gedefinieerd en de voor het project in te zetten middelen worden toegewezen. Deze fase omvat drie stappen:

- de keuze van de procedure
- de keuze van de middelen
- planning en definitieve kostenberekening

## De keuze van de procedure

Benchmarking begint vaak met een eerste vaststelling (een externe bedreiging of een interne storing) die het bedrijf ertoe aanzet te reageren.

Het kan bijvoorbeeld zijn dat het bedrijf marktaandeel verliest door toegenomen concurrentie. In dit geval moet de onderneming alles in het werk stellen om de oorzaken te achterhalen, die het gevolg kunnen zijn van een gebrek aan innovatie door de afdelingen O&O (onderzoek en ontwikkeling) of marketing, veroudering van het product, de komst van een nieuwe concurrent of het succes van vervangende producten.

De eerste vaststelling kan ook een gebrek aan vernieuwing van het aanbod van producten en diensten zijn, die dus vernieuwd moeten worden om ze weer aantrekkelijk te maken voor de klant. In dergelijke gevallen wordt het verzoek vaak gedaan door de marketingafdeling, die op basis van haar marktonderzoek een daling van de verkoop in de toekomst voorspelt. De betrokken onderneming zal dus bij voorkeur preventief handelen om haar aanbod, haar positionering en haar differentiatie ten opzichte van de sterkste concurrenten te vernieuwen.

De behoefte aan maatregelen kan ook worden ingegeven door het streven naar verjonging van productietechnieken die, omdat zij niet meer state-of-the-art zijn, geen productie van hoge kwaliteit of tegen lage kosten mogelijk maken. Deze zwakte is een bron van concurrentienadeel voor de onderneming. Afhankelijk van het belang van de procedure of het productgamma in termen van de bijdrage ervan aan de winst en de algemene prestaties van de onderneming, kan de onderneming besluiten een of meer verschillende entiteiten te benchmarken met behulp van dezelfde methoden of zich te concentreren op een bepaalde afdeling van de onderneming en alle procedures daar te analyseren.

## De keuze van de middelen

De keuze van de middelen - geselecteerd met het oog op het creëren van een dynamiek van "collectieve intelligentie", een bron van synergieën en het delen van deskundigheid - naast de bij benchmarking betrokken diensten, is vaak een taak voor de projectmanager. In de meeste gevallen bestaat een *task force* uit:

- **een projectmanager,** die het probleem en de feitelijke en/of potentiële gevolgen ervan definieert, het hele project coördineert, de middelen in het werk stuurt, de planning en de kosten van het project voor zijn rekening neemt en ten slotte zorgt voor de directe verbinding met de bestudeerde partner en met zijn eigen hiërarchie.
- **analisten,** die de te benchmarken procedures of producten bestuderen en zich afhankelijk van hun expertisegebied richten op meer specifieke punten. Een sales engineer zal meer betrokken zijn bij de keuze van nieuwe producten, terwijl een business analist

betrokken zal zijn bij de implementatie van nieuwe procedures.

- **het direct bij het project betrokken team,** d.w.z. de afdeling waarop de benchmarking betrekking heeft: de leden ervan moeten uiteraard beschikbaar zijn voor de analisten om hun informatie te verstrekken over de huidige procedures en de ondervonden problemen. Bovendien zijn in dit stadium hun getuigenissen en hun perceptie van de dingen essentieel, al was het maar om de latere toepassing van de besloten wijzigingen te vergemakkelijken.
- **verschillende gespecialiseerde personen,** die per geval kunnen worden ingeschakeld. Er kan bijvoorbeeld een manager veranderingsmanagement zijn die de werknemers gedurende het hele project begeleidt of een manager die verantwoordelijk is voor het kapitaliseren van de kennis die door andere afdelingen zal worden gebruikt.

## Planning en definitieve kostenberekening

De laatste voorbereidende stap ten slotte betreft een kostenraming van het project. Dit omvat het budget voor de toegewezen middelen, d.w.z. de verschillende incidentele en permanente deelnemers, maar ook de kosten van samenwerking en de kosten van wijziging van procedures. Uiteraard is de moeilijkheid van het ramen van de kosten evenredig met de complexiteit van het project in kwestie.

Deze laatste fase heeft tot doel elke doelstelling in het hele project te plannen om zo tot een algemene visie te komen. Deze planning kan in grafische vorm worden weergegeven, met name via het Gantt-diagram, waarvan we in onze casestudy een voorbeeld zullen zien.

## FASE 2 – PARTNERSELECTIE

De keuze van de partner is strategisch. Bij benchmarking zal een bedrijf bijvoorbeeld vaak kijken naar een bewezen leider in zijn bedrijfstak of een bedrijf dat vergelijkbaar is in termen van producten, markten en middelen:

- **kiezen voor een partnerschap met een ander bedrijf.** In veel gevallen wordt een overeenkomst opgesteld waarin de duur van de uitwisseling, die kan variëren van enkele maanden tot meerdere jaren, alsmede de operationele procedures en de soorten middelen die worden ingezet, worden vastgelegd.
- **keuze van een interne afdeling of een dochteronderneming van het bedrijf.** In dit geval is de uitwisseling van informatie gemakkelijker en het contract informeler. Het kan ook zijn dat werknemers intern van afdeling veranderen en zo *best practices* verspreiden. Dit vereenvoudigt ook het benchmarkingproces.
- **keuze van een concurrent.** In dit geval baseert het bedrijf zich op openbare gegevens van de concurrent, zoals statistieken (bijvoorbeeld Nielsen-gegevens), op procedures die op congressen of conferenties worden gepresenteerd of op informatie die bij tussenpersonen (leveranciers, distributeurs, enz.) en klanten wordt ingewonnen.

## FASE 3 – ANALYSE VAN PROCEDURES EN BENCHMARKS

### Analyse van oude en nieuwe procedures

In deze derde fase onderzoeken de analisten welke interne procedures moeten worden gewijzigd en welke van de procedures van de partner moeten worden geïmiteerd of zelfs verder verbeterd om een concurrentievoordeel te benutten.

- Interne procedures zijn belangrijk om te analyseren, omdat moet worden bepaald hoe de teams zullen werken. Bovendien moeten de huidige prestaties worden gemeten om ze te kunnen vergelijken met de beoogde prestaties zodra de benchmarking is ingevoerd.
- De procedures van de partner zijn ook belangrijk om te analyseren om de redenen voor hun succes te begrijpen (*best practices*) en om ze achteraf te kunnen toepassen. Het gaat er dus niet alleen om de prestaties te analyseren, maar om grondig na te gaan hoe deze procedures werken.

### De definitie van benchmarks

De benchmark is de referentieprestatie-indicator waarop de benchmarkinganalyse is gebaseerd: door deze zo nauwkeurig mogelijk te definiëren (gekwantificeerd kenmerk, tijdschema, enz.) kunnen de verschillende indicatoren intern en met de partners worden vergeleken om realistische doelstellingen vast te stellen.

Deze doelstellingen zijn gebaseerd op de verwachtingen van de klant. Een manier om dit te doen is om - via marktonderzoek of meningen van consumenten - de ideale prijs van een product te achterhalen, met andere woorden de waarde die zij eraan hechten. Vervolgens bepaalt de onderneming haar doelstellingen (marketingstrategieën, positionering en prijsstelling) aan de hand van deze prijs en de van de concurrenten verkregen aanwijzingen.

## FASE 4 – TESTEN EN DEFINITIEVE UITVOERING

### Uitvoeringstests

Alvorens met benchmarking te beginnen, is het nuttig een testperiode te plannen om na te gaan of verbeteringen kunnen worden aangebracht zonder de werking van het hele bedrijf te verstoren.

Een eerste manier om deze tests uit te voeren is het organiseren van een simulatie in de nieuwe omgeving. In dit geval test de hele afdeling of slechts een deel ervan de ingevoerde verbeteringen, zonder gevolgen in geval van een probleem, aangezien de implementatie slechts wordt gesimuleerd. De tweede manier is de verbeteringen rechtstreeks te testen op een beperkt deel van de beoogde afdeling om de gevolgen in geval van een probleem te beperken.

### En tot slot, de uitvoering van benchmarking

De uitvoering van benchmarking kan uiteindelijk plaatsvinden onder de juiste voorwaarden. Bepaalde veranderingen in procedures of nieuwe producten die op de markt worden gebracht, kunnen het leven van de onderneming fundamenteel veranderen. Daarom moeten de werknemers tijdens deze overgangsperiode worden begeleid (veranderingsmanagement) door enkele punten in acht te nemen:

- Wijs "resource persoon" aan die het hele proces van veranderingsmanagement zal beheren.
- Begin het proces van bovenaf om ervoor te zorgen dat managers eerst betrokken worden, dat zij het belang begrijpen van de veranderingen die worden doorgevoerd en dat zij op hun beurt hun werknemers kunnen informeren en motiveren.
- Communiceer gedurende het hele project, aangezien grote veranderingen de zichtbaarheid op korte en middellange termijn erg kunnen vertroebelen, waardoor de werknemers in verwarring kunnen raken. Een doeltreffende, transparante en regelmatige communicatie binnen de onderneming helpt deze problemen te overwinnen.

## FASE 5 – AANPASSING, CONTROLE EN FEEDBACK

In deze laatste fase moeten nog drie taken worden uitgevoerd:

- ***fine tuning*, of de laatste aanpassingen die nodig zijn om de procedures te laten werken.** Het kan bijvoorbeeld gaan om correcties op een nieuw product of het aannemen van een extra persoon in de nieuwe productielijn.

- **monitoring van de vooraf vastgestelde indicatoren.** Het is namelijk van essentieel belang de ontwikkelingen in het bedrijf te meten en te vergelijken met de benchmarks, d.w.z. de in fase 3 geplande prestatie-indicatoren.
- **feedback.** Het zorgt ervoor dat nieuwe kennis wordt benut zodat deze in de toekomst efficiënt (sneller en goedkoper) kan worden gereproduceerd. Daartoe wordt in toenemende mate kennisbeheer ontwikkeld.

## Kennisbeheer

Kennisbeheer is een instrument voor het verzamelen, bundelen, archiveren, verspreiden en bijwerken van kennis binnen een onderneming. De aldus gekapitaliseerde kennis - meestal door middel van een IT-instrument - bevordert de verspreiding van *best practices* binnen een bedrijf of in het geval van partnerships met andere bedrijven die expertisecentra willen oprichten om onderzoek te delen.

# SAMENGEVAT

- Benchmarking is een techniek voor procesverbetering die gebaseerd is op de analyse en vergelijking van bestaande processen. Deze techniek werd eind jaren zeventig door Xerox in het bedrijfsleven toegepast en wordt nu door de meeste bedrijven gebruikt.
- Er zijn verschillende soorten benchmarking, ingedeeld naar de bron van de informatie en de doeleinden waarvoor deze wordt gebruikt. Interne benchmarking verschaft informatie over het functioneren van andere afdelingen in het bedrijf, terwijl externe benchmarking gebaseerd is op concurrenten en andere toonaangevende bedrijven in de sector.
- Gezien het generieke karakter van de methode zijn er vele toepassingen van benchmarking in bedrijven. Ze kan worden toegepast op bijna alle afdelingen en diensten en op elk niveau van de hiërarchie. Motivatie, en dus de betrokkenheid van het personeel, is een van de sleutels tot succes bij benchmarking.
- Het toenemende concurrentievermogen en de internationalisering van de markten dwingen de ondernemingen voortdurend op zoek te gaan naar efficiëntie. Benchmarking moet bedrijven niet alleen aanzetten tot verbetering, maar hen ook verplichten zichzelf voortdurend in vraag te stellen.
- Er zijn ook veel voordelen. Benchmarking maakt het mogelijk de onderzoeks- en ontwikkelingskosten te

beperken door niet alles vanaf nul te ontwerpen, concurrenten in te halen door ze te imiteren, interne procedures te verbeteren door gebruik te maken van nieuwe procedures die hun doeltreffendheid al hebben bewezen, of producten en diensten aan te bieden die aan de spits van de technologie staan.

- Deze methode heeft naar beperkingen, dus moet een bedrijf dat een benchmarkingoefening lanceert ervoor zorgen dat de nieuwe technieken in overeenstemming zijn met de interne afdelingen, dat het welzijn van de werknemers wordt verzekerd door ervoor te zorgen dat zij de veranderingen begrijpen en aanvaarden en dat zij niet vervallen in bedrijfsspionage.
- De keuze van het personeel is van groot belang voor het welslagen van een benchmarkingproject. Met het oog op efficiëntie en geloofwaardigheid is het niet alleen belangrijk om deze taak toe te vertrouwen aan ervaren mensen met complementaire talenten, maar ook om wat men noemt “collectieve intelligentie” in praktijk te brengen.
- Het *Total Quality Management*-model kan de methode aanvullen door iedere werknemer te betrekken bij de kwaliteitsverbetering van een dienst. Het maakt het mogelijk een kwaliteit te verkrijgen die bijna gelijk is aan nul gebreken.
- Ten slotte wordt benchmarking op dezelfde manier toegepast als een traditioneel project: de belangrijke stappen zijn de voorstudie, de keuze van de innovatiepartner,

de analyse van de interne en externe procedures, de implementatie van de nieuwe methoden, de follow-up en bijsturing daarvan en ten slotte de terugkoppeling, ook wel kennismanagement genoemd.

# OM VERDER TE GAAN

## BIBLIOGRAFISCHE BRONNEN


ABBOT (Thomas H.), "Du benchmarking logistique au choix d'une nouvelle stratégie d'organisation", in *Logistique-Management*, 1997, geraadpleegd op 19 december 2014.

http://www.logistique-management.com/document/pdf/article/5_1_76.pdf

BRUNO (Isabelle), *Benchmarking. L'état sous pression statistique*, Parijs, La Découverte, 2013.

CHAPMAN (Alan), 'Change Management', in *Business Balls*, geraadpleegd op 19 december 2014.

http://www.businessballs.com/changemanagement.htm

COLLIE (Sarah L.), *Benchmarking in Higher Education*, University of Virginia, geraadpleegd op 19 december 2014.

http://www.virginia.edu/processsimplification/resources/Benchmarking%20Nov%20%203.pdf

COSTA (Nathalie), *Veille et benchmarking*, Parijs, Ellipses Marketing, 2008.

FERNANDEZ (Alain), "Le TQM et la qualité totale", in *Piloter la performance*, geraadpleegd op 19 december 2014.

http://www.piloter.org/qualite/tqm-qualite-totale.htm

OFFICE QUÉBÉCOIS DE LA LANGUE FRANÇAISE, "Étalonnage", 2006, geraadpleegd op 19 december 2014.

http://gdt.oqlf.gouv.qc.ca/ficheOqlf.aspx?Id_Fiche=8871077

Piché (Pierre), “14 benaderingen van continue verbetering”, in *Quotient Lean Management*, geraadpleegd op 19 december 2014.

http://www.quotientmanagement.com/14-approches-d%E2%80%99amelioration-continue/

Reh (F. John), “How to Use Benchmarking in Business”, in *About.com*, geraadpleegd op 19 december 2014.

http://management.about.com/cs/benchmarking/a/Benchmarking.htm

Soparnot (Richard), *Le management du changement*, Parijs, Albin Michel, 2010.

Vaisman (Olivier), “Le benchmarking ou étalonnage concurrentiel”, in *Ovaisman Online*, geraadpleegd op 19 december 2014.

http://ovaisman.online.fr/dossiers/Dossier-Benchmarking-internet.pdf

## AANVULLENDE BRONNEN

Achard (Pierre) en Hermel (Laurent), *Le benchmarking*, La Plaine Saint-Denis, Afnor Éditions, 2010.

Gautron (Jacques), *Le guide du benchmarking*, Parijs, Éditions Eyrolles, 2003.

Meyer (Florent A.), *Pratiques de benchmarking. Collectief betekenis creëren uit het succes van andere* organisaties, Parijs, Lexitis Éditions, 2010.

“The Benchmarking Exchange”, in *Benchnet*, geraadpleegd op 19 december 2014.

http://www.benchnet.com/

*We horen graag van u! Laat een reactie achter op jouw online bibliotheek en deel je favoriete boeken op social media!*

50MINUTES.com

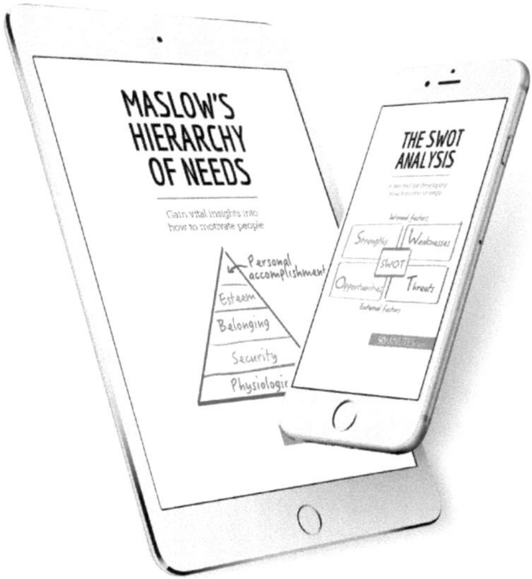


**IMPROVE YOUR GENERAL KNOWLEDGE**

IN THE BLINK OF AN EYE!

www.50minutes.com

De uitgever garandeert de betrouwbaarheid van de gepubliceerde informatie, die echter niet onder zijn verantwoordelijkheid valt.

Master ISBN: 9782808604598
Papier ISBN: 9782808605809
Wettelijk depot: D/2023/12603/7

Digitaal ontwerp: Primento,
de digitale partner van uitgevers.